箱根のクラシックトレイン

千葉博信　著

かもめ文庫 ⑦③

はじめに

箱根は魅力がいっぱい。
温泉、自然、芸術、歴史、グルメ…。
いつもは移動の手段にすぎない電車も
ここでは立派な主役です。

箱根湯本から強羅まで 8.9 キロの間に

- 1000メートル進んで80メートル登る世界第 2 位の急勾配
- 高さ 43 メートルの鉄橋
- 進行方向が変わる「スイッチバック」が 3 か所
- 半径 30 メートルの急カーブ

などが点在し、標高差は 445 メートルにもなります。

あなたもクラシックな電車に乗ってみませんか？
今年で 70 歳。
見た目は小さくかわいらしいですが、
きつい坂をぐんぐん登っていきます。

麓から山の上まで一緒に旅しましょう。

箱根登山
電車まんじゅう

入生田➡箱根湯本 −お出迎えの回送区間−

新宿からロマンスカーで1時間30分。

箱根湯本の一つ手前、入生田にクラシックな電車が休んでいます。

いくつになっても小奇麗に。

やがて車庫から出てきました。

大きな樹に見送られ、出発です。

入生田—箱根湯本

この区間は小田急の電車も走ります。
幅が違うので３本の線路が敷かれています。

連結なしの１両電車にびっくり。

これまで2回しか見たことがありません。

入生田—箱根湯本

入生田—箱根湯本

入生田—箱根湯本

口角を上げていこう。

Column 1

入生田回送

不定期なのでなかなか見かけない回送区間。
2018 ～ 19年に私が見た主な実績は以下の通りです。

1 日 2 回の日
9:00 頃または 10:00 頃出庫し営業運転に入る。
別の編成が 16:00 すぎまたは 19:00 すぎに入庫。

1 日 4 回の日
午前中に出庫。入れ替わりで営業中だった編成が
11:00、12:00、13:30 頃に入庫。
点検後 15:00 頃再出庫し営業に戻る。
また別の編成が 16:00 すぎまたは 19:00 すぎに入庫。

細かい時刻は 10 パターンぐらいあり、旧型とも限らないので
後は運次第。

箱根湯本➡小涌谷 −本領発揮の坂道区間−

傾いてる？　つり革はまっすぐ。

新しい車両がよかった、
という声が聞こえました。
こっちが好き、
という人もたくさんいます。

段差があるから気をつけて。

カーブが続くので隣の車両には

通り抜けできません。

冷房もないけど、窓を開ければ
〝昭和の風〟が入ってきます。

レールが擦り減らないよう、

カーブで撒く水を補給しています。

ブレーキを使うと熱が出ます。
屋根上の箱はそのためのもの。

世界第２位の急勾配

箱根湯本を出ると、

すぐに急坂と急カーブ。

普通の電車では進めません。

昭和25年
汽車會社
東京製作所

非常の場合
この座席の下のハン
ドルを手前に引けば、
すべてのドアは手で
あけられます。
In an Emergency
Pull the cock-handle
toward you
Then
all doors are ready for
opening by hand.

闇の中でも一生懸命に登ります。

きっと誰かが見ていてくれる。

塔ノ沢を出発すると、また坂が続くトンネルです。
カメラを低く構えたら、
出口の明かりが見えました。

先頭にいても安心できない。
３回向きが変わり、
そのうち一番後ろになるぞ。

高さ 43 メートルの鉄橋

出山信号場に停車中の電車から
早川橋梁が見下ろせます。

最初のスイッチバック

Column 2

今日はどれが旧型？

どのタイプの電車が来るのかは毎日変わります。
昼間は6本動いてるうち1～2本が旧型ということが多いです。

大平台へ同時進入（P40）
見かけたら次はいつ来るか分かるよう、
色分けした時刻表を持ち歩いています。(P108)
この時も両方同じ車両だと分かっていたので並走を期待。
同じ画面に入りましたが結構ギリギリ。

出山信号場から早川橋梁（P36-37）
歩いて行けないのでこの絶景は車窓からしか見られません。
停車中に対向の電車が来ればよいけど、たいてい通過後。
そこで両隣の駅を出発する時間差を調べてみました。
平日の3本に可能性がありそう。
塔ノ沢 8:28 発が旧型と分かった日、
大平台 8:24 発に乗ってみました。
予想通り、乗った電車が信号場に先に着いてくれました。

時刻表、乗る際にもご参考にどうぞ。

おおひらだい
大平台
家族的な
たきい旅館
当駅下車

2回目のスイッチバック

運転士さん、車掌さんも行ったり来たり。

非常用通路
For Emergency Only

長い歳月に刻まれた姿。
輝く時はわずかですが…

雨の日だって素敵なことは
見つかります。

猫が乗っているのは温泉タンクなんです。

平台駅

3回目のスイッチバック

「ひゅーん」と聞こえる音が
近づいたり遠のいたり。

箱根湯本—小涌谷

登山電車は赤のイメージ？

昭和 20 年代の色が復活しました。
左上に同じ色をした海が見えます。

 箱根湯本—小涌谷

昭和初期は深緑に塗られていました。

この色も似合ってます。

走るのも大事だけど…

止めることはもっと大事。
大きなハンドルは四つあるブレーキの
一つです。

箱根湯本—小涌谷

世界第２位の急勾配
半径30メートルの急カーブ

足腰はまだまだ丈夫。
体もこんなに柔らかい。

歳のせいにはしない。

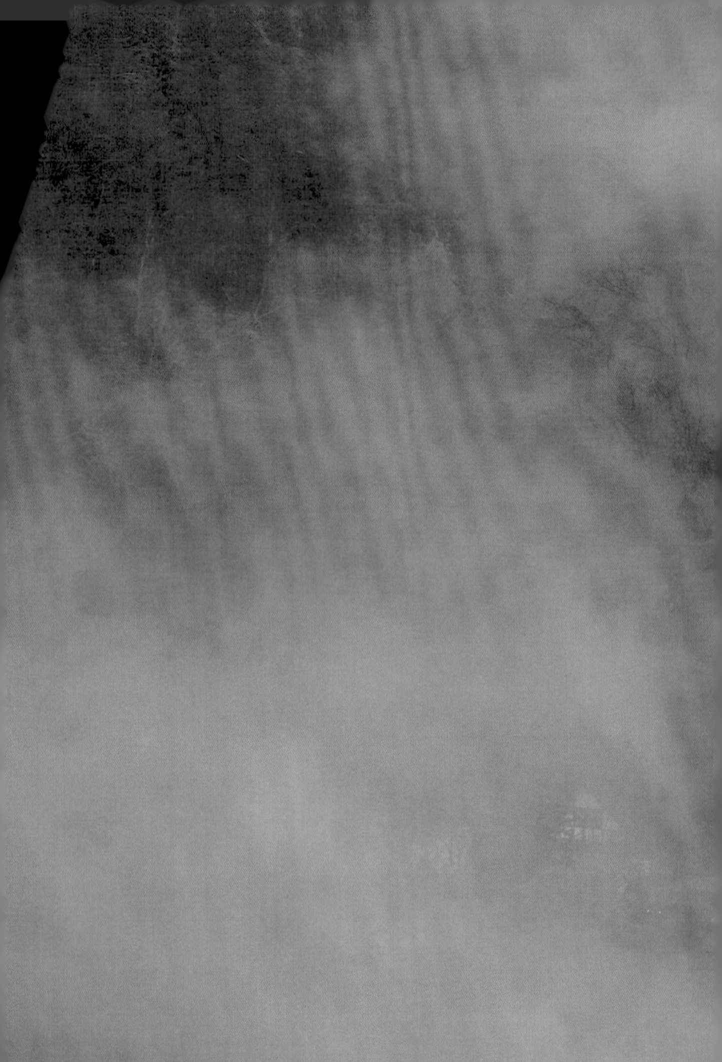

クラシックなものが好まれる観光地。
だから馴染みやすいのかも。

小さな踏切もあれば…

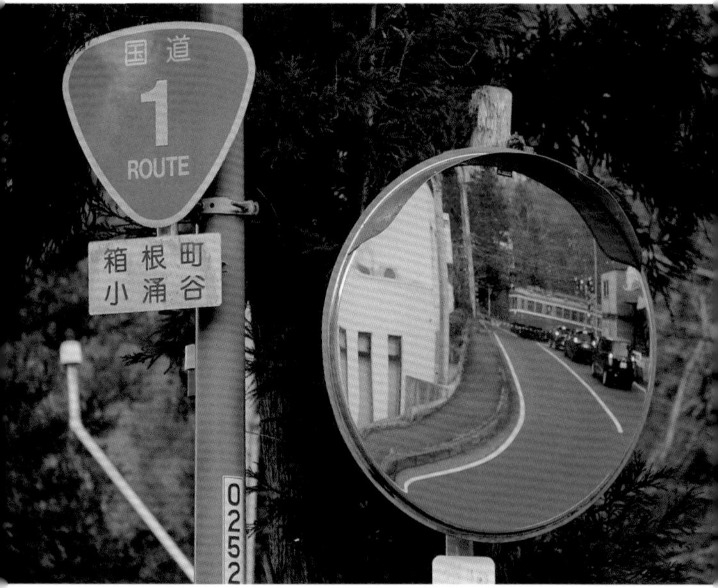

天下の国道１号にも踏切があります。
駅伝の時は電車が止まって
選手を優先します。

譲る余裕、持ってます。

宮ノ下から小涌谷にかけてが
最後の急坂となります。
あと少し！

Column 3

雲は山を巡り　霧は谷を閉ざす

早川の谷に降った雨は霧となって空へと帰ります。
「ドラマティックなシーンが撮れないかな」。
でも簡単ではなさそうです。

降ったりやんだりのある日、対岸の山に登ってみました。
冬の吐息のような白い霧が漂うのですが、
駅の辺りにはなかなか来てくれません。
寒い中待ち続けたら、一瞬だけ電車を包んでくれました。

福島県の只見線は川霧がカメラマンの人気です。
通過時の霧の出方に一喜一憂しているようです。
そんなドキドキを宮ノ下でも味わえます。

「箱根八里」の歌詞に出てくる表題のフレーズ。
まさしくそのとおりの情景でした。(P66-67)

その後は視界が真っ白になり、
いくら待っても何も見えませんでした。

小涌谷➡強羅 −季節を巡りラストスパート−

新しい仲間が少しずつ
増えてきました。

76 小涌谷―強羅

撮り始めた時に７両いた旧型も残り４両。
引退も遠くないでしょう。
四季の中、もう少し追いかけたい。

小涌谷—強羅　春

春

毎年楽しみな小涌谷の桜。
今年も見られてよかった。

小涌谷—強羅　春

104

103

104

103

104

108

104

箱根湯本
108

夏

撮影者が多くなる季節だけど、
線路に近付いていいのはあじさいだけ。

小涌谷ー強羅　夏

強羅
108

8 月 16 日は強羅のお祭り。

素敵な夏の思い出を。

小涌谷の駅舎は懐かしい佇まい。

彫刻の森駅の臨時ホームから。
連休の午後などに使用されます。
美術館は外国人に大人気。

小涌谷—強羅　秋

秋

秋は山の上からやってきます。
今日はどの高さで会えるだろう。

小涌谷—強羅　秋

40

小涌谷—強羅　冬

冬

107

強羅
110

終点近くのホテルから。
温泉であったまっていると、
湯けむりの向こうから
電車の音が聞こえてきました。

強羅に到着です。
1 日 12 往復、5,000 メートル以上
登り下りする日もあるようです。

入生田の車庫は狭いので
箱根湯本、彫刻の森、強羅の
各駅に分散して眠りにつきます。

新しい朝が来ました。

登山電車で通学なんてうらやましい。

青空の下、一日が始まります。

今日はエスカレーターをやめて
階段を使ってみたら。

クラシックトレインの魅力

優秀な車両って何でしょう。
スピードが速い？　車内が豪華？　デザインが革新的？

どれにも当てはまらないけど、
こんなに急な坂を登れる電車はほかにありません。
得意分野があったから、ずっと置き換わることなく
元気で長生きしているのです。
そんなふうに生きたいなあ。

古いけど、ちゃんと手入れされています。
働く方に大切にされているのが伝わります。
レトロな姿は乗客にも大人気。
なんだかうらやましくないですか？

あじさいだけではない魅力を伝えたく、
さまざまな特徴を意識して撮影してみました。
この電車は撮り方の幅を広げてくれたかも。

夢中になれるものがあると人生は楽しいです。

こんな出会いも。

イノシシ。6～7回は見かけました。

モハ１形

ルーツは 1919（大正８）年、開業時に製造された車両。
車内はロングシート。
1993（平成５）年に２両固定化し以下のペアとなりました。

104-106

1950（昭和 25）年更新
106 は 2019 年 6 月の検査で
ブルーに復刻。
その時の試運転の姿。

103-107

1950（昭和 25）年更新
2019年引退。
ツリカケ駆動という昔ながらの
走り装置で、「ウーン」
と唸る音が特徴でした。

モハ２形

ルーツは1927（昭和２）年製造の車両、ボックスシート。
モハ１形に増結したり、モハ２形同士で組んで使われます。

108

1956（昭和 31）年更新
白帯が下がった塗り分けで
人気でしたが 2020年５月、
一般塗装に戻されました。

109

1955（昭和 30）年更新
2019年４月、グリーンに復刻。
104-106 に増結されると
３色団子に。

110

1957（昭和 32）年更新
2017年引退。
私のファーストカット。
東日本大震災後、
観光客が減って困っているという
話が訪問のきっかけでした。

休日 運用別時刻表

	▽									▽
箱根湯本	5:50	6:12	6:33	7:00	7:18	7:36	8:00	8:25	8:39	8:52
塔ノ沢	5:53	6:15	6:36	7:04	7:22	7:40	8:04	8:30	8:43	8:56
大平台	6:05	6:28	6:49	7:15	7:34	7:51	8:16	8:42	8:54	9:07
宮ノ下	6:15	6:39	7:00	7:26	7:43	8:01	8:26	8:51	9:04	9:18
小涌谷	6:20	6:44	7:05	7:31	7:49	8:06	8:31	8:57	9:12	9:27
彫刻の森	6:23	6:47	7:08	7:34	7:52	8:10	8:34	9:00	9:15	9:30
強羅	6:26	6:50	7:11	7:37	7:55	8:12	8:37	9:03	9:18	9:33

箱根湯本	9:11	9:24	9:37	9:51	10:11	10:24	10:37	10:50	11:11	11:26
塔ノ沢	9:16	9:28	9:41	9:55	10:15	10:28	10:41	10:54	11:15	11:30
大平台	9:27	9:40	9:53	10:07	10:27	10:41	10:55	11:07	11:27	11:42
宮ノ下	9:37	9:50	10:03	10:18	10:37	10:52	11:07	11:18	11:38	11:52
小涌谷	9:42	9:57	10:12	10:27	10:43	10:58	11:13	11:28	11:43	11:58
彫刻の森	9:46	10:00	10:15	10:30	10:46	11:01	11:16	11:31	11:47	12:01
強羅	9:48	10:03	10:18	10:33	10:49	11:04	11:19	11:34	11:49	12:04

箱根湯本	11:39	11:51	12:12	12:25	12:39	12:51	13:12	13:25	13:39	13:51
塔ノ沢	11:43	11:55	12:16	12:29	12:43	12:55	13:16	13:29	13:43	13:55
大平台	11:55	12:08	12:28	12:42	12:55	13:08	13:28	13:42	13:55	14:08
宮ノ下	12:07	12:18	12:38	12:52	13:07	13:18	13:38	13:52	14:07	14:18
小涌谷	12:13	12:28	12:43	12:58	13:13	13:28	13:43	13:58	14:13	14:28
彫刻の森	12:16	12:31	12:47	13:01	13:16	13:31	13:47	14:01	14:16	14:31
強羅	12:19	12:34	12:49	13:04	13:19	13:34	13:49	14:04	14:19	14:34

箱根湯本	14:12	14:25	14:39	14:51	15:12	15:25	15:39	15:51	16:12	16:25
塔ノ沢	14:16	14:29	14:43	14:55	15:16	15:29	15:43	15:55	16:16	16:29
大平台	14:28	14:42	14:55	15:08	15:28	15:42	15:55	16:08	16:28	16:42
宮ノ下	14:38	14:52	15:07	15:18	15:38	15:52	16:07	16:18	16:38	16:52
小涌谷	14:43	14:58	15:13	15:28	15:43	15:58	16:13	16:28	16:43	16:58
彫刻の森	14:47	15:01	15:16	15:31	15:47	16:01	16:16	16:31	16:47	17:01
強羅	14:49	15:04	15:19	15:34	15:49	16:04	16:19	16:34	16:49	17:04

箱根湯本	16:39	16:51	17:11	17:25	17:35	17:48	18:09	18:21	18:42	19:15
塔ノ沢	16:43	16:55	17:16	17:29	17:39	17:52	18:13	18:25	18:46	19:19
大平台	16:55	17:08	17:28	17:41	17:51	18:06	18:25	18:38	18:58	19:31
宮ノ下	17:07	17:18	17:38	17:51	18:03	18:17	18:35	18:52	19:09	19:41
小涌谷	17:13	17:28	17:43	17:58	18:08	18:23	18:40	18:57	19:15	19:46
彫刻の森	17:16	17:31	17:46	18:01	18:11	18:26	18:44	19:00	19:18	19:49
強羅	17:19	17:34	17:49	18:04	18:14	18:29	18:46	19:03	19:21	19:52
				▼彫刻の森へ回送						

箱根湯本	19:36	20:01	20:35	21:00	21:21	21:52	22:26	23:09
塔ノ沢	19:40	20:04	20:38	21:03	21:24	21:55	22:29	23:12
大平台	19:52	20:16	20:50	21:16	21:36	22:07	22:42	23:24
宮ノ下	20:02	20:26	21:01	21:25	21:46	22:17	22:52	23:34
小涌谷	20:07	20:31	21:06	21:31	21:51	22:22	22:57	23:39
彫刻の森	20:10	20:34	21:10	21:34	21:54	22:26	23:01	23:42
強羅	20:13	20:37	21:12	21:37	21:57	22:28	23:03	23:45
	▼						▼	▼

※ダイヤは変更することもあります。

	▽	▽	▽							
強羅	5:23	5:45	6:15	6:29	6:59	7:16	7:43	8:00	8:16	8:41
彫刻の森	5:25	5:47	6:17	6:31	7:01	7:18	7:45	8:02	8:18	8:43
小涌谷	5:28	5:50	6:20	6:34	7:04	7:21	7:48	8:06	8:21	8:46
宮ノ下	5:33	5:55	6:25	6:40	7:09	7:26	7:53	8:11	8:26	8:51
大平台	5:44	6:06	6:35	6:52	7:20	7:38	8:04	8:21	8:41	9:06
塔ノ沢	5:53	6:15	6:45	7:03	7:30	7:48	8:14	8:30	8:55	9:16
箱根湯本	5:57	6:19	6:48	7:07	7:33	7:52	8:17	8:34	8:59	9:20

▽彫刻の森から

強羅	8:50	9:07	9:22	9:37	9:52	10:07	10:22	10:38	10:53	11:08
彫刻の森	8:52	9:09	9:24	9:39	9:54	10:09	10:24	10:40	10:55	11:10
小涌谷	8:56	9:12	9:27	9:42	9:57	10:12	10:27	10:43	10:58	11:13
宮ノ下	9:04	9:17	9:37	9:49	10:02	10:17	10:37	10:51	11:04	11:18
大平台	9:15	9:28	9:52	10:05	10:15	10:28	10:52	11:04	11:15	11:30
塔ノ沢	9:27	9:40	10:03	10:16	10:27	10:40	11:02	11:15	11:30	11:42
箱根湯本	9:31	9:44	10:07	10:19	10:31	10:44	11:06	11:18	11:33	11:46

強羅	11:23	11:38	11:53	12:08	12:23	12:38	12:53	13:08	13:23	13:38
彫刻の森	11:25	11:40	11:55	12:10	12:25	12:40	12:55	13:10	13:25	13:40
小涌谷	11:28	11:43	11:58	12:13	12:28	12:43	12:58	13:13	13:28	13:43
宮ノ下	11:38	11:52	12:05	12:18	12:38	12:52	13:05	13:18	13:38	13:52
大平台	11:53	12:06	12:16	12:30	12:53	13:06	13:16	13:30	13:53	14:06
塔ノ沢	12:03	12:16	12:28	12:42	13:03	13:16	13:28	13:42	14:03	14:16
箱根湯本	12:07	12:19	12:32	12:46	13:07	13:20	13:32	13:46	14:07	14:20

強羅	13:53	14:08	14:23	14:38	14:53	15:08	15:23	15:38	15:53	16:08
彫刻の森	13:55	14:10	14:25	14:40	14:55	15:10	15:25	15:40	15:55	16:10
小涌谷	13:58	14:13	14:28	14:43	14:58	15:13	15:28	15:43	15:58	16:13
宮ノ下	14:05	14:18	14:38	14:52	15:05	15:18	15:38	15:52	16:05	16:18
大平台	14:16	14:30	14:53	15:06	15:16	15:30	15:53	16:06	16:16	16:30
塔ノ沢	14:28	14:42	15:03	15:16	15:28	15:42	16:03	16:16	16:27	16:42
箱根湯本	14:32	14:46	15:07	15:20	15:32	15:46	16:07	16:20	16:32	16:46

強羅	16:23	16:38	16:53	17:08	17:23	17:38	17:53	18:17	18:34	18:51
彫刻の森	16:25	16:40	16:55	17:10	17:25	17:40	17:55	18:19	18:36	18:53
小涌谷	16:28	16:43	16:58	17:13	17:28	17:43	17:58	18:22	18:40	18:56
宮ノ下	16:38	16:52	17:05	17:18	17:37	17:50	18:03	18:27	18:45	19:01
大平台	16:53	17:06	17:16	17:29	17:50	18:04	18:13	18:37	18:57	19:16
塔ノ沢	17:04	17:17	17:28	17:39	18:00	18:13	18:25	18:47	19:06	19:27
箱根湯本	17:07	17:20	17:32	17:43	18:04	18:17	18:29	18:50	19:10	19:30
								▼		

強羅	19:08	19:30	20:02	20:44	21:15	21:45	22:00	22:41
彫刻の森	19:10	19:32	20:04	20:46	21:17	21:47	22:02	22:43
小涌谷	19:14	19:35	20:07	20:49	21:20	21:51	22:05	22:46
宮ノ下	19:19	19:40	20:12	20:54	21:25	21:55	22:10	22:52
大平台	19:30	19:51	20:25	21:04	21:35	22:06	22:20	23:02
塔ノ沢	19:39	20:04	20:38	21:14	21:45	22:16	22:30	23:12
箱根湯本	19:43	20:08	20:42	21:17	21:48	22:19	22:33	23:16
								▼

▽運用入り
▼運用終了

撮影データ

P	撮影日時	撮影場所	ISO	焦点距離（フル換算）
カバー表	2018/4/20　7:56	強羅	200	53
2-3	2019/9/22　7:43	宮ノ下	400	250
5	2019/9/19　15:08	車内	400	20
6	2017/8/27　8:49	入生田	250	300
7	2017/11/29　11:25	入生田	400	300
8	2018/2/24　10:31	入生田	400	210
	※枝が伐採されました。			
9	2018/3/11　15:09	入生田－箱根湯本	200	300
10-11	2017/8/27　10:34	入生田－箱根湯本	400	52
12	2018/3/11　10:35	入生田－箱根湯本	200	129
13	2017/5/21　10:35	入生田－箱根湯本	200	27
14	2019/9/10　11:55	入生田－箱根湯本	200	33
15	2017/9/15　12:21	入生田－箱根湯本	400	27
16	2017/4/2　10:35	入生田－箱根湯本	400	82
17	2017/4/2　10:35	入生田－箱根湯本	400	82
18-20	2018/4/1　10:52	入生田－箱根湯本	200	150/82
	※桜は一部伐採されました。			
21	2019/2/9　9:25	箱根湯本－塔ノ沢	800	20
22	2018/5/20　9:35	箱根湯本	200	27
23上	2018/8/16　12:10	箱根湯本	800	82
23下	2018/8/16　13:06	箱根湯本	400	52
24上	2018/8/16　13:32	箱根湯本	400	52
24下	2019/6/2　7:50	箱根湯本－塔ノ沢	400	120
25	2018/8/7　14:28	塔ノ沢	200	222
26	2019/6/2　9:34	箱根湯本	1600	165
27	2019/6/2　9:32	箱根湯本	800	246
28-29	2017/7/7　13:12	箱根湯本	400	192
30-31		車内		
32	2018/12/23　9:14	塔ノ沢	1600	300
33	2018/12/23　7:39	塔ノ沢	1600	20

撮影データ

P	撮影日時	撮影場所	ISO	焦点距離（フル換算）
34	2019/1/13　11:55	塔ノ沢	1600	26
35	2018/12/28　9:32	塔ノ沢－出山	800	26
36-37	2019/9/10　8:30	出山	200	52
38-39	2011/12/17　6:58	出山	200	294
	※現在は立ち入り禁止です。			
40	2018/2/11　9:25	大平台	200	24
42	2018/11/11　8:20	大平台	800	27
	※古い駅名標は外されました。			
43	2019/2/9　12:41	大平台	200	52
44-45	2019/6/2　9:08	大平台	400	192
46	2018/12/1　7:15	大平台	400	300
47	2018/12/1　7:15	大平台	400	240
48	2019/4/8　17:42	大平台－上大平台	1000	18
49上	2018/6/23　12:36	宮ノ下	400	27
49下	2018/6/23　14:56	大平台－上大平台	800	300
50上	2018/4/1　14:13	大平台－上大平台	200	27
50下	2017/4/23　7:32	大平台	400	27
	※桜は伐採されました。			
51	2018/4/1　13:29	大平台－上大平台	200	30
	※桜は伐採されました。			
52	2019/1/13　13:46	上大平台－仙人台	400	52
53	2017/11/29　8:02	大平台	200	150
54-55	2018/6/3　10:44	上大平台	200	300
56	2018/11/11　8:56	大平台－上大平台	250	27
57	2017/11/26　9:12	上大平台－仙人台	400	24
58	2017/1/7　14:45	塔ノ沢－出山	800	27
59	2017/2/4　13:44	上大平台－仙人台	200	174
60	2019/4/20　13:23	上大平台－仙人台	400	90
61	2019/6/2　9:15	大平台	400	285
62	2018/7/8　8:50	上大平台－仙人台	200	24

撮影データ

P	撮影日時	撮影場所	ISO	焦点距離（フル換算）
63	2018/10/8　7:57	上大平台－仙人台	800	24
64	2018/12/28　9:54	宮ノ下	800	300
65	2019/2/23　7:23	仙人台－宮ノ下	800	27
66-67	2018/12/23　12:20	宮ノ下	800	174
68	2018/12/5　15:40	宮ノ下－小涌谷	800	27
69	2020/7/23　10:21	宮ノ下－小涌谷	200	240
70	2019/1/27　8:54	宮ノ下－小涌谷	800	18
71	2019/1/27　7:49	宮ノ下－小涌谷	800	210
72-73	2017/4/23　10:19	宮ノ下－小涌谷	200	300
75	2018/12/23　11:30	小涌谷	800	285
76-77	2018/10/4　17:27	小涌谷－彫刻の森	1600	52
78-79	2019/4/8　16:23	小涌谷	400	82
80	2018/4/7　9:21	宮ノ下－小涌谷	200	82
81 上	2018/6/3　8:50	彫刻の森－強羅	400	27
81 下	2018/4/20　12:32	彫刻の森－強羅	200	35
82 上	2017/6/27　14:15	小涌谷－彫刻の森	400	142
82 下	2014/7/5　21:33	小涌谷－彫刻の森	6400	52
82~83 上	2018/6/23　17:13	大平台－上大平台	800	52
82~83 中	2014/7/20　15:46	小涌谷－彫刻の森	500	75
82~83 下	2019/6/30　9:53	入生田－箱根湯本	200	21
83 上	2014/6/29　10:14	小涌谷	200	75
83 中	2018/6/23　17:53	大平台－上大平台	1000	52
83 下	2017/7/7　10:12	小涌谷－彫刻の森	400	105
84	2017/7/7　10:22	小涌谷－彫刻の森	400	27
85	2018/6/23　12:33	宮ノ下	400	27
86	2019/8/11　16:30	小涌谷－彫刻の森	250	52
87	2019/9/10　10:29	彫刻の森－強羅	200	52
88	2018/8/16　20:12	大平台	800	52
89	2018/8/16　17:24	強羅	800	100

撮影データ

P	撮影日時	撮影場所	ISO	焦点距離（フル換算）
90 上	2018/1/25　11:54	小涌谷	400	24
90 下	2018/10/8　6:43	小涌谷	400	27
91	2018/10/8　12:18	彫刻の森	400	33
92	2018/11/25　11:18	彫刻の森	200	135
93	2018/12/1　9:30	小涌谷－彫刻の森	200	117
94-95	2017/11/29　10:15	彫刻の森－強羅	200	135
96	2018/12/23　11:44	小涌谷－彫刻の森	800	36
97	2019/2/16　13:09	彫刻の森－強羅	200	21
98 上	2014/2/23　7:18	小涌谷－彫刻の森	200	114
98 下	2017/2/9　11:15	宮ノ下	800	165
99	2018/1/25　9:05	彫刻の森－強羅	200	24
100	2018/1/24　22:39	強羅	1600	52
101	2013/12/12　23:52	強羅	400	100
102	2017/11/29　8:37	強羅	200	27
103	2018/4/20　7:56	強羅	200	53
105	2019/2/16　14:56	彫刻の森－強羅	800	165
106 上	2019/6/10　12:25	宮ノ下－小涌谷	500	142
106 下	2019/6/2　6:47	大平台	400	135
107 上	2014/4/12　10:12	上大平台－仙人台	200	40
107 中	2019/7/13　12:26	入生田－箱根湯本	800	82
107 下	2011/4/30　7:18	小涌谷－彫刻の森	100	80
114	2019/10/22　16:44	強羅	800	52
115	2020/3/10　12:22	強羅	400	210
116	2020/6/14　11:16	大平台	400	192
117	2020/7/10　11:17	大平台	640	212
118	2020/7/23　13:02	上大平台－仙人台	500	52
119	2020/7/23　11:43	宮ノ下－小涌谷	400	240
120-121	2020/7/26　11:45	箱根湯本	800	36
カバー裏	2018/1/14　6:29	大平台－上大平台	1600	24

100年目の試練

2019年10月12日、強い勢力のまま上陸した台風19号は
箱根町に観測史上最多の雨量をもたらしました。
登山鉄道も土砂流入や路盤流出など20か所が被災。
宮ノ下～小涌谷の蛇骨陸橋は大規模な崖崩れに巻き込まれ、
橋脚ごと流出しました。
その日から運休になり、線路が錆び始めました。
強羅まで開業100年目の年にこんなことになるなんて。

しばらくするとSNSにたくさんのメッセージが。
「頑張れ！」「応援してます」「復活したら絶対乗りに行く」
こんなに多くの人に愛されていたんだ、と沈んだ気持ちが
和らいでいきました。

強羅駅にいた３編成のうち、旧型は駅舎に近いホームに
停まっていました。
これを利用し電車はいつしか代行バスの待合室となりました。
奇麗に掃除され、イルミネーションや花の装飾も。
車内に入るとぽかぽか暖房が効き、コンプレッサーの音が
懐かしく響きます。
「ありがとう」。
寄せ書きにそう残しました。

「1 年かかる」とされた復旧作業。

2020 年 5 月、麓の区間から試運転が始まりました。

7月、途切れていた線路がつながりました。
強羅に取り残されていた車両も
9か月ぶりに下山です。

2020 年 7 月 23 日、みんなが待っていた運転再開。
復旧工事で活躍した重機が静かに休んでいました。

敷き直された線路の上を

またぐんぐん登っています。

元祖

幸いなことに
「クラシックトレイン」の引退も少し延びたようです。
今ならまだ会いに行けますよ。
きっと元気をもらえるはず。

索　引

はじめに…………………………………………………………　4～5

入生田→箱根湯本
　—お出迎えの回送区間—　6～19

Column1　入生田回送…………………………………………　20

箱根湯本→小涌谷
　—本領発揮の坂道区間—　21～74

Column 2　今日はどれが旧型？ …………………………　41

Column 3　雲は山を巡り　霧は谷を閉ざす ……………　74

小涌谷→強羅
　—季節を巡りラストスパート—　75～103

小涌谷→強羅　春 ………………………………………78～81

小涌谷→強羅　夏 ………………………………………82～89

小涌谷→強羅　秋 ………………………………………92～95

小涌谷→強羅　冬 ………………………………………96～99

クラシックトレインの魅力　あとがき ………………104～105

車両紹介……………………………………………………106～107

休日 運用別時刻表 ……………………………………108～109

撮影データ………………………………………………110～113

100年目の試練 …………………………………………114～121

索引…………………………………………………………122

著者略歴

千葉博信（ちば・ひろのぶ）

1968年　千葉県市川市生まれ。
明治大学政経学部卒業、横浜市泉区在住。
会社勤めの傍ら、休日はお気に入りの路線へ通う。
誰も撮っていないアングルを探すのが好き。

著書：「内房線へようこそ」（2000年、光書房）
　　「上越夜行－寝台特急「あけぼの」－」
　　　　　　（2014年、上毛新聞社）
ホームページ：「線路の見える丘から」
撮影機材：FUJIFILM　X-T1
　　　XF16-24㎜、XF35㎜ f1.4、XF55-200m
　　　XF18mm F2　など

かもめ文庫 ――――――― ⑦③

箱根のクラシックトレイン

2020年10月31日　初版発行

著　者　千葉　博信
発　行　神奈川新聞社
〒231-8445 横浜市中区太田町2-23
電　話　045(227)0850(出版メディア部)
ＦＡＸ　045(227)0785

ISBN 978-4-87645-611-6　C0126

「かもめ文庫」発刊について

明治の近代化から一世紀余り、戦後の米軍進駐からすでに三十年余、神奈川といえば日本のどこよりも移動の激しい土地柄、変化の目まぐるしい地域社会として知られています。特に戦後は、都市化・工業化と呼ばれる時代の波を頭からかぶり、郷土かながわの山河・人心は一変しました。

しかし、自らの足もとを見直そう、自分の生活周辺をもう一度見つめ直したいという欲求は、年とともに高まるばかりです。神奈川生まれでない神奈川県民、ふるさとを別に持つお父さんお母さんのあとに、いまではたくさんの神奈川生まれが続いています。

イギリスに「われわれは、別れるためにのみ会っている」という古いことわざがあります。日本語の「会者定離」や「会うは別れの始め」をほうふつさせます。茶道から出た「一期一会」も同じ根っこからの発想と申せましょう。私たちは離合集散の激しい社会、うつろいやすい時代に生きているからこそ、ただひとたびの出会いを大切にしたいものです。

「かもめ文庫」は、七百万県民の新しい出会いの場、触れ合いの文庫として創刊されました。照る日・曇る日、いつも私たちの頭上で無心に舞っている県の鳥カモメ。私たちはこの文庫を通し、神奈川の昨日・今日・明日に出会うことを願って、一冊一冊を編んでいきたいと思います。

１９７７年11月